Du même auteur

Quelque part loin, dans un pays qui n'existe pas.
Douze nouvelles, illustrées par Olivier Py

(La Sterne Voyageuse éditeur, 2002)

LA STERNE VOYAGEUSE *éditeur*
7, Place Pinel - 75013 Paris - France
sterne.voyageuse@free.fr

Agnès Faure

Bestiaux

Quatorze fables animalières

illustrations **David Rondin**

Note de l'éditeur

Le présent ouvrage est un ensemble de textes sur lequel travaillait Agnès Faure et qu'elle a laissé inachevé. Il s'inscrit dans la suite directe de l'important recueil *Quelque part loin, dans un pays qui n'existe pas*, l'éditeur, en accord avec les ayants droit, a pris la liberté de publier ces fables animalières en l'état.

Le mouton noir

Il était une fois un petit mouton. Un petit mouton noir bien sympathique. Un petit mouton noir, bien sympathique, et bien seul, et qui s'appelle *JE*.
Les autres disaient : « mais pourquoi es-tu noir ? »
Et cela lui donnait envie de pleurer.
JE ne savait pas pourquoi il était... enfin comme ça, pas tout à fait comme les autres. JE se disait : « je m'en fous, je sais ce que je vaux », mais dans le fond de lui-même, JE n'en était pas bien sûr, de ce que JE valait. D'autant plus que tout le monde s'accordait visiblement à penser que JE ne valait rien. JE s'en voulait, JE se disait, « peut-être que c'est ma faute, peut-être que, inconsciemment, je cherche à être un mouton noir... ». JE cherchait, essayait de comprendre ce que JE avait fait de mal, JE réfléchissait mais JE n'y comprenait rien.
JE se disait : « ils ont raison. Danse mieux qu'eux, ai des qualités différentes d'eux », et ça le rendait heureux d'avoir des qualités, mais triste de ne pas avoir les bonnes, et au bout du compte JE se sentait coupable d'exister tel que JE était, et sa culpabilité le faisait souffrir encore plus. Des fois, lorsque JE se sentait un moral d'acier, JE allait les voir, essayait d'entrer dans leur pré carré.
JE disait « suis noir, mais vais me faire tout petit, acceptez moi ». Mais ils se détournaient de lui comme si JE était un objet sans importance, et il ne se passait rien.

Alors, JE disait : « suis peut-être noir, mais regardez : ai comme vous deux oreilles, deux yeux, quatre pattes, de la laine, vous voyez, on est pareils », et eux se taisaient encore. Ou parfois, pire, ils avaient la cruauté de répondre « Non, on n'est quand même pas pareils, sinon pourquoi il y aurait des moutons blancs et des moutons noirs ? Il y a une différence de couleur, ça, on n'est pas racistes, on constate, c'est tout ; on ne peut pas le nier ».
JE ne le niait pas. JE ne pouvait pas le nier. On le lui rappelait trop souvent.
Alors JE se promenait, et avant que JE ait pu dire quoi que ce soit, aux commerçants, aux passants, ils s'éloignaient de lui. JE voulait les retenir, mais JE ne savait pas comment lier le contact, leur parler. C'était comme dans un rêve, ou plutôt comme dans un cauchemar, et JE ne se réveillait pas.

Alors JE voulut de toutes ses forces devenir blanc, être comme les autres. Peu à peu, JE se mit à penser que c'était eux qui devaient avoir raison, que JE se comportait bizarrement. C'est eux, qui étaient dans le droit chemin, et lui qui se trompait toujours, au lieu de leur ressembler tout simplement. C'était un pauvre type, méprisable parce que eux savaient être blancs et pas lui. Eux avaient réussi.
JE s'en voulait terriblement. Ah ! Comme ils avaient raison, ces magnifiques êtres blancs, comme JE était, lui, misérable de ne pas faire les efforts nécessaires.
JE alla les voir, les trouver : « Comment fait-on pour devenir blanc ? » demandait JE. Mais inexplicablement ils le rejetaient : « Laisse tomber, t'y arriveras pas ». Des fois, même des insultes murmurées, des petits coups, en douce. JE ne disait rien. JE les trouvait beaux même quand ils le maltraitaient, avec leur belle

tonsure, leurs poils longs, blancs et lisses, alors que lui était si petit, si noir, si bouclé. Il fallait y arriver pourtant.
JE acheta les lotions, les crèmes miracles "ad hoc" que JE s'appliquait sur tout le corps et que JE laissait toute la nuit. Cela le brûlait, mais JE s'obstinait. Les résultats n'étaient pas probants. JE continuait. JE se mit à les observer, les Blancs, de plus près, toujours plus près. JE se cachait sur des pas-de-porte et JE les regardait. JE prenait des notes. Puis de retour chez lui, JE relisait ses observations, et, devant le miroir, refaisait leurs gestes et les apprenait. JE imitait leur diction, leur façon de se tenir, leur démarche. JE les écoutait : les mots qu'ils employaient, leurs intonations, leurs sujets de conversation... Dans un état d'excitation mêlé de joie, JE pénétrait leur monde en catimini. JE s'entraînait pour quand JE pourrait leur parler. JE imaginait la Scène d'Intégration dans le Monde : JE réapparaîtrait blanc, entièrement métamorphosé, à l'intérieur comme à l'extérieur. A tel point, se disait JE, qu'ils ne le verraient plus que comme Blanc. JE imaginait la scène. JE aurait changé son nom, et arriverait, dans un de ces endroits où ils allaient tous, ouvrirait un de leurs journaux et attendrait. Dans leur petite ville, un blanc inconnu était chose rare, ils viendraient certainement à lui pour faire sa connaissance. JE continuait les pommades, crèmes et lotions et se préparait. JE était devenu son propre créateur.
Et le miracle eut lieu. Peu à peu, sa peau s'éclaircit. C'en était même un peu inquiétant. JE n'apparut même plus en public, craignant qu'on lui pose des questions, ou de faire peur, ou pire, que son secret ne s'éventât. JE avait accumulé suffisamment de notes pour pouvoir s'entraîner chez lui et ne plus sortir. Quand sa peau fut claire, JE fit ses premiers tests "grandeur nature". JE alla faire quelques courses à la station-service en dehors de la ville.

Son cœur battait comme à son premier rendez-vous galant. Ou plus exactement comme JE s'imaginait les rendez-vous galants (car JE avait toujours désiré sortir avec une blanche et cela ne lui était jamais arrivé). JE renonça à acheter la boisson que JE aimait pour acheter du vin, comme en consomment les autres, après avoir fait le tour des aliments sous plastique - ce que *eux* consommaient quand ils étaient pressés.
Sur le chemin du retour, JE rêvait de la vie merveilleuse qui allait être la sienne, une fois *intégré*. JE changerait de boulot, et plus tard, JE progresserait. Et JE sortirait dans les endroits à la mode, irait danser...
....

JE finit par entrer dans cette vie, dont JE rêvait. A peu près de la façon dont JE l'avait imaginé. JE trouva un petit boulot, comme assistant du bourreau. Ce n'était pas très réjouissant, mais vu ses qualifications, JE ne fit pas le difficile. JE prit le travail. JE sortait avec ses copains du travail, voulait gagner plus, bref sa vie s'organisait tranquillement. Pourtant JE trouvait cette vie-là somme toute décevante. JE pensait évoluer plus vite. Mais, dans cette société - ce que JE ne pouvait savoir avant d'y être - on n'évoluait pas. On gardait la même place à vie. On gardait aussi les mêmes amis. Conséquemment on ne déménageait pas. JE comprit que c'était la raison pour laquelle JE ne suscitait jamais aucune curiosité : les autres étaient indifférents au changement, parce qu'ils ne pouvaient pas imaginer un seul instant une autre vie.
JE en conçut de la déception, du ressentiment. Pas à leur égard, non. Mais JE comprenait que la société protégeait envers et contre tout son équilibre, et que pour ce faire, il fallait maintenir l'ordre. En maintenant chacun à sa place. JE y réfléchit. Si la

société se protégeait du désordre, c'est qu'elle était menacée. Donc ceux qui la menaçaient étaient coupables deux fois. A la fois, parce qu'ils la menaçaient, et parce qu'elle était obligée de se défendre et de se durcir pour se protéger contre eux. Bref, peu à peu, tout son ressentiment se porta naturellement sur les étrangers à cette société, sur tous ceux qui souhaitaient y entrer. Et JE mâchonnait rancœur et frustration, croyant ainsi pouvoir mieux les supporter. Un soir, alors que JE buvait un pot avec des amis, quelqu'un évoqua un groupe de gens différents, d'une certaine façon "pas nets". « Ah non, dit JE échauffé d'un coup, ça va pas se passer comme ça ! » ... JE s'échauffe, vitupère. JE va jusqu'à hurler « Cassez-vous ! » avec une telle violence que ses amis en sont sidérés. JE sent sur lui leurs regards qui l'observent. JE n'est pas sûr de leur soutien et JE panique. JE fonce vers un des "types pas nets" qui reste là, ahuri par le spectacle - les autres types se sont évaporés - JE court vers lui, le saisit, se met à le frapper de toutes ses forces, et quand JE se retourne pour montrer à ses potes dans quel état JE laisse le pauvre type sur le sol, JE se rend compte que ses amis ont filé. Dans un brouillard d'incompréhension, JE entend une sirène.

....

Dans une cellule de trois mètres sur trois, entouré d'autres, inconnus, JE pense à sa vie passée. Tristement. Puis brusquement, JE rit. Comme JE l'avait rêvée, son *Intégration* ! Ah ! les beaux mots, ah ! la belle vie !

Ah ! non, JE n'imaginait pas que ce serait une petite cellule infecte, où l'on était obligé de se coller aux murs, de s'effacer, pour vivre... Non, JE n'imaginait pas que l'*intégration* serait synonyme d'enfermement, et même de dissolution.

La petite gazelle

La petite gazelle est triste. Elle a encore ses kilos en trop. Elle essaie de prévenir, c'est difficile d'être gros. J'ai quand même des bourrelets, elle pense. Mais les mâles rigolent, ils disent que ça ne les dérange pas, qu'ils ne les voient pas ses bourrelets, ou pire : ils disent qu'ils les aiment ! Alors elle est dépitée, elle ne sait plus quoi penser, elle panique, personne ne la comprend, et elle pleure. Pourtant sa mère, ses deux sœurs, sa grand-mère, ses trois cousines, sa meilleure amie et même la fille de la voisine qui est pourtant une vraie girafe lui disent qu'elle est très bien comme ça... Pourquoi veux-tu maigrir, elles disent, tu vas devenir un sac d'os comme celles qu'on voit à la télé, c'est ça que tu veux ?
Oui c'est ça qu'elle veut, passionnément, du fond de ses tripes, depuis toujours, elle veut devenir riche et célèbre, c'est comme ça... Alors ses amis, ses frères, son père et sa mère, ses deux sœurs, sa grand-mère, ses trois cousines, sa meilleure amie et même la fille de la voisine qui est pourtant une vraie girafe lui disent qu'elle est bien bête, que toutes ces femelles doivent coucher pour y arriver, que beaucoup finissent très mal, droguées, offertes à des inconnus, découpées en morceaux, déshonorées ou pire... mais ce discours est sans effet sur la petite gazelle. Au contraire, se dit-elle, au moins je vivrais quelque chose, alors que dans ce trou !...

Et elle se regarde, sempiternellement, dans le reflet du lac, palpe le galbe délicat de ses jambes fuselées, la finesse de sa peau de velours, pense aux mâles qui lui tournent autour, aux mâles crottés, pataudes, campagnards qui lui tournent autour, et elle se dit, au moins ceux que je rencontrerai plus tard, ils ne penseront pas qu'à... ils seront raffinés, riches, et même s'ils ne pensent qu'à..., ce n'est pas grave, je me servirais d'eux, et elle se rengorge, la Mata-Hari des studios. Et eux, au moins, ils auront de la conversation, ils l'écouteront. Voilà ! Ici, ils ne me comprennent pas, parce qu'ils sont laids, qu'ils ne comprennent rien à la grâce ni à la vraie beauté, voilà pourquoi ils ne veulent pas que je parte, ils ne veulent pas me perdre, ils veulent me garder dans leur laideur.

Elle avait de hautes ambitions. Elle rêvait de connaître la ville, les gens connus, la vraie vie... Ah ! quitter ce sous-bois. Un jour, ils verraient, elle partirait. Elle attendait le moment idéal, préparait son départ, ah ! ils verraient bien quand elle reviendrait, avec ses parures et ses bijoux, un fourreau de renard (et pourquoi pas, d'abord ?) autour du cou, ou en manchons, elle ne savait pas encore. Elle partirait la nuit, elle voyait ça très bien, elle attendait l'automne pour arriver avant l'hiver, elle s'enfuirait à la nuit tombée, et elle gagnerait les Lieux Civilisés, ah ! ils allaient voir comme elle marcherait, vers la lumière !
Mais à l'automne, on les informa que la saison de la chasse était avancée et qu'une chasse à courre avait été organisée. Il y en aurait peut-être d'autres... L'hiver n'était de toutes façons pas une bonne saison pour se séparer du groupe, la survie serait d'autant plus délicate sans la solidarité familiale. Donc, elle décida d'attendre l'été.

Sa mère, ses deux sœurs, ses trois cousines, et sa grand-mère se mirent, elles aussi, à croire à sa future vie de star. Sa meilleure amie et la fille de la voisine avaient des doutes.

Elle se regardait dans le lac, sempiternellement, palpait encore le galbe délicat de ses jambes fuselées, la finesse de sa peau de velours, rêvait encore. Elle attendait le printemps. Tout l'hiver, elle pensait à la vie qu'elle mènerait enfin, quand elle y serait, et puis à son départ, à son voyage, qu'elle préparait mentalement, et de nouveau la vie qu'elle aurait là-bas. Elle s'imaginait, arrivant comme une fleur, dans les Lieux Civilisés. Un mâle viendrait à elle, l'inviterait à boire, peut-être même à partager son repas, et elle s'arrangerait bien sûr pour qu'il n'y ait pas d'ambiguïté, pour qu'il la respecte comme une femelle du Monde, mais elle se laisserait inviter, et au cours de la soirée, il ou mieux *ils* tomberaient éperdument amoureux, lui frappé, subjugué par la finesse de sa conversation et par son charme fou, et ma foi qu'est-ce qu'elle lui trouverait? Il serait beau, intelligent, etc., bon ça ne l'amusait pas tellement de l'imaginer, lui. Elle imaginait les premières répliques de leur discussion au cours du dîner, puis passait rapidement au moment où il lui proposerait de se rapprocher de son "Home Sweet Home". Il aurait de l'humour, aussi, et ils se comprendraient merveilleusement. Ne pas oublier, également, tout à son honneur à lui, ses muscles, ses jambes, son visage, la finesse de ses articulations et la force qui se dégageait de toute sa silhouette. Parfois, elle arrivait à faire durer le film un certain temps, d'autres fois, elle s'endormait avant d'arriver à la fin.

Sa mère parfois se peinait de la voir ainsi, à l'écart, rêvant les yeux grands ouverts. Elle essayait de la pousser vers les autres mâles et femelles de son âge, mais la petite gazelle mélancolique répondait invariablement : non, ça ne me dit rien. Alors sa mère comprenait que sa fille était d'un autre sang, d'une autre destinée, et qu'elle n'était pas faite pour les divertissements du vulgaire, alors elle disait pour la consoler : « c'est écrit, mekhtoub, c'est ce qu'a décidé la nature, on ne peut rien y faire », et toutes les deux, à l'unisson, poussaient de grands soupirs.

Et la petite gazelle désespérait de rester dans ce monde scandaleux qui ne l'exauçait pas.

Le printemps arriva. Elle était encore en âge de fonder une famille, mais elle attendait son heure. Elle eut vent de la venue d'un impresario et d'un concours de beauté, au début de l'été, alors elle décida d'attendre encore. Elle ne désespérait pas.

Les mâles lui tournaient autour. Elle les dédaigna, ils revinrent, elle continuait de les dédaigner, ils revinrent encore, quoique un peu moins nombreux.

Elle rêvait toujours de luxe, de réussite, de grands hôtels, elle se voyait monter les marches des palais...

Elle échoua au concours de beauté. Sa mère la convainquit qu'elle en réussirait d'autres.

Parfois, elle se faisait peur. Sa rêverie déraillait et elle se mettait à imaginer une vie devenue glauque. Un tableau : le type de ses rêves, l'hôte miraculeux se transformait le lendemain en photographe paumé, tous deux, vivaient comme des rats dans une chambre minuscule au milieu de la vaisselle sale et des cadavres de bouteilles, se repassant des pilules d'ecstasy douteuses et survivant grâce à ses séances de nus à elle, pour des serveurs minitel et grâce aux photos de liquide vaisselle à lui, pour des catalogues Auchan. Alors, un affreux doute l'étreignait et elle se mettait à douter de sa vocation. Et sa mère, pour la

consoler, parlait du destin injuste qui était peut-être, pour elle, d'attendre son tour un peu plus longtemps que les autres. Et elle retrouvait l'espoir.
Les mâles peu à peu se casaient. Les plus fidèles, toutefois, continuaient de tenter leur chance, les abandons des autres leur avaient redonné confiance. Elle, elle attendait l'automne.
Non, elle l'aurait sa vie avec son photographe, il fallait être patient.

Un jour, à l'automne, enfin, elle partit. Elle se sentait grisée par le départ, qu'elle avait préparé depuis tellement longtemps. Elle ne savait plus depuis combien d'années. Mais elle était jeune, encore, et elle allait leur montrer qu'elle avait du talent. Elle partit donc.
Il faisait plus froid qu'elle n'aurait pensé. Elle marcha longtemps, luttant contre le froid, et la faim. Elle repensait aux adieux qui avaient été déchirants. Tous, (ses amis, ses frères, son père et sa mère, ses deux sœurs, sa grand-mère, ses trois cousines, sa meilleure amie et même la fille de la voisine, et les autres du voisinage que l'on connaissait moins), l'avaient embrassée, lui avaient souhaité bonne chance, et tout un tas de choses, et cela lui fit chaud au cœur. Il lui sembla même - et ça lui fit plaisir - que ses deux sœurs, sa meilleure amie et même la fille de la voisine avaient l'air un peu jalouses-envieuses, et elle se sentit fière de partir, portée par tant d'espoirs.
Elle arriva dans les Lieux Civilisés. Elle était ravie. Elle attendit. Il faisait froid, elle avait faim, elle attendait qu'il se passe quelque chose, que l'hôte miraculeux de ses rêves se matérialise. Mais rien. Elle avait froid et faim, elle attendait. Les passants ne s'arrêtaient pas, ne la regardaient même pas, passants inconnus, anonymes, impitoyables. Elle voyait tous ces gens qui rentraient

chez eux, et elle se mit à avoir peur et pitié d'elle-même. Elle s'imaginait telle la petite vendeuse d'allumettes, mourir dans le froid. Mais quelqu'un allait s'arrêter, l'aider, ça ne pouvait pas se passer comme ça... Elle se mit dans un coin, en vue, en position d'attente, mais rien. Elle n'était personne. Assez rapidement, beaucoup plus vite que prévu, en fait, elle se mit à regretter son foyer, sa chaleur et ses repas conviviaux. Elle se mit à les envier, tous les autres regroupés autour d'elle. Puis elle comprit. Il aurait fallu qu'elle prépare davantage son arrivée, et l'hypothèse où aucun photographe ne se matérialiserait, il fallait y penser, voilà, c'était pas plus bête que ça, il aurait fallu qu'elle prépare son arrivée ! Bon maintenant qu'il était convenu que c'était un coup pour rien, non mieux, un coup d'essai préparatoire, elle décida de rentrer. Elle se sentit mieux. En route, elle chercha un peu comment justifier son retour. Et puis, allez, elle dirait qu'elle s'était trouvée mal, qu'elle avait compris qu'elle n'était pas suffisamment en forme pour tenter la grande aventure et qu'elle réussirait sans problème la fois suivante.

De retour au bercail. Elle dédaigna encore les mâles.

Il y en eut de moins en moins.

Mais elle se prenait pour la star, persuadée d'avoir vécu, d'être revenue triomphalement...

Elle tenta une deuxième fois de partir. Cette fois-ci elle eut un vrai malaise, il faisait trop chaud et dans son excitation, elle n'avait pas assez mangé, et elle rentra encore plus vite.

On peut dire qu'elle tenta encore, et se cassa le pied. Et puis il y eut encore la chasse, et puis un autre concours qu'elle attendit encore, puis qu'elle oublia, ou auquel elle échoua, et puis encore un accident, un malaise, un contretemps...

On peut dire qu'il y aurait eu de moins en moins de mâles autour d'elle. On peut suggérer que le temps marqua peu à peu, son visage, ses jambes et sa peau dont elle était toujours si fière. On peut imaginer qu'elle refusa de le voir. Et même, qu'un jour, elle ne supporta plus qu'on se moque d'elle, qu'on lui manque de respect ou qu'on lui demande d'aider à la maison, vu son rang. Puis elle finit par basculer tout à fait, la vieillesse et la frustration l'emportèrent dans son rêve de gloire...
Et on se la figure enfin, vieille mais heureuse, persuadée d'avoir vécu sa vie de rêve, parlant toujours d'un peu haut, du haut de sa gloire passée, assise face à la fenêtre, vieille, hautaine et folle.

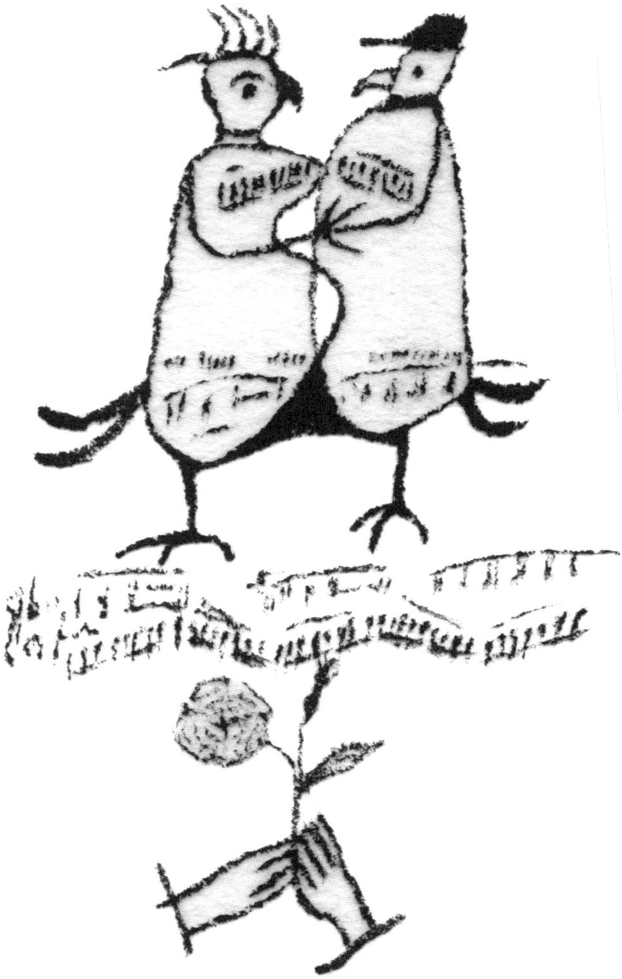

Les perruches

(*chanté*)
Nous sommes les jumelles / nous sommes des gémeaux
Nos vies s'entremêlent, mais gardent le tempo
Nous sommes les jumelles / nous sommes des gémeaux
Nos vies s'entremêlent, notre vie est un duo !
Hihihihihihihihi !!!
(*soupir*)
Ah oui ! les heures passent vite à deux,
Tantôt sur moi, tantôt sur toi...
... Nous avons un jeu : tu dis tac ! je dis tic ! nous le faisons très bien.
C'est le jeu du métronome, nous le faisons très bien !
Tic ! Tac ! Tac ! Tic !
Hihihihihihihihi !!!
Tantôt sur moi, tantôt sous toi... Tic ! Tac !
Qu'est-ce qu'on s'amuse, quand on est deux !
Tac ! Tic ! C'est si triste d'être seul !
Il ne faut pas être seul ! Nous ne serons jamais seuls !
Tic ! Tac !
Hihihihihihihihi !!!
Et quand tu sors, je t'attends. Tout le temps. Tac ! Tic !
Tout le jour et toute la nuit,
Je ne vis plus, je guette.
Tout le jour et toute la nuit, quand tu sors,

Je t'attends.
Tout le temps, nous veillons l'un sur l'autre, l'un et l'autre, l'un dans l'autre.
Nous partageons nos rêves, nous partageons tout
Pas de secrets entre nous
Le silence pour les gens seuls
On s'amuse pas quand on est seul !
Entre nous la réjouissance, c'est forcé nous sommes deux,
Ensemble la ressemblance, obligée, nous sommes amoureux.
La tristesse pour les gens seuls.
Hihihihihihihihi !!!
Les gens sont jaloux de notre bonheur,
Alors ils se moquent de nous
On est envieux quand on est seul !
On n'existe qu'en double,
Il faut laisser ou prendre la paire !
Sans toi, je ne vaux pas la peine !
Les gens, les gens, ils nous en veulent,
Les gens, les gens, ils nous confondent,
JALOUX !
Hihihihihihihihi !!!
Moi je suis lié à toi et toi à moi
Sans toi je n'existe pas
Sans toi je ne vaux pas la peine
Ce sont les gens qui nous ont rendus dépendants
Moi je suis devenu toi et toi moi
Toi tu es devenu moi et moi toi
Moi je suis devenu toi et toi moi
Ce sont les gens qui nous ont rendus confondants !
(*soupir*)

Mais je suis incapable de vivre sans toi
Incapable de vivre seul
Je suis prisonnier de toi, dépendant de toi
Ma vie sans toi dans un linceul
S'ils ouvraient la cage, que deviendrions-nous ?
S'ils nous séparaient, comment vivrions-nous ?
On a de l'air quand on est seul.
....
Sans toi, je serais condamnée
Sans toi je ne survivrai
Car déjà à nous-mêmes, décédés.

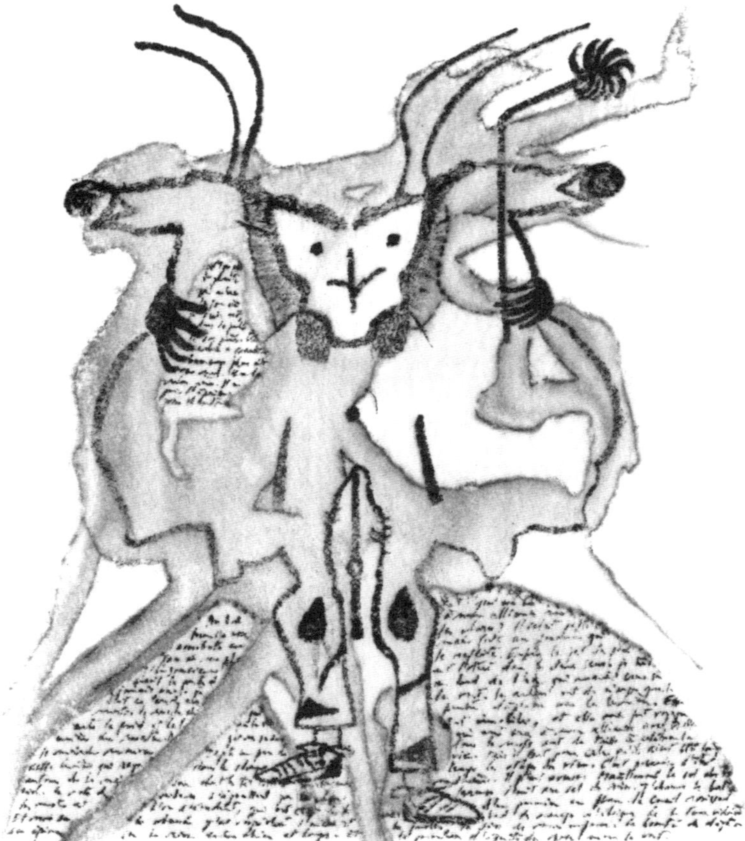

Le papillon

Ils disent que je suis belle. Ils affabulent, avec tous leurs mots. Ils m'endorment. Ils me capturent et m'immobilisent, et je n'ai plus qu'à attendre, morte. Ils disent que je suis belle. Ils s'extasient avec leurs grands yeux qui regardaient les œillets de mes ailes, leurs yeux dans mes yeux de morte. Je suis un bel objet.
Ils me tuent, me chloroforment, me figent, m'encadrent. Me clouent au pilori en quelque sorte, mais ne se repentent jamais, au grand jamais, ni ne s'agenouillent devant moi - mon pauvre clou ne doit pas être assez pieux !
... Encore que... encore que ...
Bel objet mort, objeu sans objoie, il fait si sombre, mais...

Mais je les défie, du plus lointain ; je transcende les âges, sans me défaire, je les stupéfie. J'existe car je ne suis nulle part, et ma beauté, indéfiniment, les attriste, car elle les retient au sol. Ô la terre, mon alliée ! Ils auront beau me chasser avec leurs épuisettes, ils auront beau fouetter l'air, avec leurs filets, ils resteront toujours lourds, condamnés à courir, derrière moi, légère, à courir sur le sable, prisonniers de la pesanteur - fatale attraction ! - et fascinés, transcendés, submergés, par la légèreté - fatale fascination ! - qu'à leur grand, leur immense désespoir, ils n'atteindront jamais.

Le chat

... Quand il rentre le soir la première chose qu'il fait, c'est de me chercher partout. Et de venir doucement, subrepticement, (traîtreusement), me déloger de ma cachette, me réveiller dans mon sommeil, sans aucun égard pour ce que je suis en train de faire. Il n'a de cesse, en rentrant du boulot que me caresser, vouloir me caresser, me cajoler, me prendre dans ses bras, m'enlacer, me câliner... Je fuis pourtant à toutes pattes, je cavale comme une dératée ; je frôle les murs, en les suppliant de m'absorber, de me faire disparaître, mais il connaît mes cachettes et mes secrets, pas un endroit où je ne peux lui échapper ! Je ne désire que manger et pouvoir dormir en toute tranquillité sans être gênée par des chiens, d'autres chats, des enfants ou des hommes, et qu'on me laisse vivre ma vie tranquillement, mais ça... Lui rentre et n'a de cesse que me prendre avec ses mains, de m'élever aux nues, de m'approcher de son visage, perdre ses doigts dans mon pelage, enfouir son visage dans mes côtes, dans mes flancs, respirer mon odeur et oublier. Voilà ce qu'il veut et il ne me reste plus qu'à être patiente.
Voilà ce qu'il désire, et quand il fait ces gestes, du fond de moi, je sens une vague de tendresse qui monte, car il a besoin de moi ; sa gratitude fait chaud au cœur, et c'est comme s'il était un petit chaton de ma portée. Alors je laisse faire. Pauvre petit être !
Puis il bouge ses mains, et je me souviens que c'est un homme,

qu'avec une seule de ses mains, il peut me briser l'échine, me rompre le dos, me jeter contre un mur. Un vertige me prend, je panique, je dois descendre de mon piédestal. Je frémis et il me repose sur le sol. Puis il me parle. Il me nourrit et me parle. Il dit de sa toute petite voix, que je suis la seule à l'entendre... il m'encourage à manger, puis il me dit qu'il a peur, qu'il veut me garder à la maison, ne plus me laisser sortir, que les voitures finiront par m'écraser, que je ne dois plus aller traîner. Il a toujours peur pour moi, que je sois écrasée par une voiture. Il m'aime du tréfonds de son âme, et parce qu'il m'aime, il a peur pour moi. Et il m'imagine, scrabouillée, déchiquetée, démembrée ; égalisée, emportée, ramollie, le long de la jante d'un pneu ; comme du beurre dans un moule à tarte, étendue-aplatie le long de la paroi lisse, de la pelure de chat qui ne gênera même pas la conduite ; de l'accompagnement de chat.

Mais je crois qu'il a surtout peur pour lui. Mais ça, il ne le sait pas. Il a peur pour la partie molle de son âme, le petit quart de tendresse innocent, d'amour total et impudique qui restait, qu'il avait à offrir à lui-même ou aux autres, et qu'il n'a pas osé donner, de crainte d'embarrasser. Avec moi, m'aimant moi, il peut laisser cette partie de son être remonter à la surface ; cette partie douce, faible, profonde, violente, honteuse qu'il cache, et qu'il ne peut exaucer qu'avec moi.

Il a peur que je sois scrabouillée par les méchantes voitures, par les autres, comme il sait que son petit bout d'âme pure a été scrabouillée par le monde, rejetée au fond de son être, aplatie, ratatinée, comme un chat passé sous un pneu.

La peur du loup

Je suis redescendu vers les plaines, vers le village, aujourd'hui. J'ai vu des âmes vivantes, ce matin... Mais de loin. Il ne faut pas que je m'approche trop. Ce devenir angoissant depuis que les choses ont changé.

J'ai rencontré des âmes vivantes ce matin... De loin. Et qui se sont éloignées de moi précipitamment. Comme si j'avais la gale. Je sais que je fais peur, beaucoup plus qu'avant. Aussi parce que j'ai peur. Mais ça ne peut pas expliquer qu'ils me poursuivent avec une telle hargne.

*

Quand j'ai essayé de me rapprocher de leurs habitations, ils ont saisi leurs fourches et leurs fusils et tout ce qu'ils ont trouvé. Ils ont essayé de s'approcher de moi, de m'entourer - j'ai buté contre la petite barrière en plastique qui protège leur herbe et leurs citrouilles et leurs navets - alors, ce n'était plus possible de penser, il fallait fuir, ventre à terre. Tout ce que j'avais en tête, c'était *ils ne m'ont pas eu, ils ne m'auront pas*. Ils m'ont regardé fixement sans parler. Si, peut-être, des voix en arrière, chuchotées, vite tues, *tais-toi* ! soufflé, de la mère à son rejeton - et que sais-je, il vaut mieux ne pas écouter cela. J'ai reculé, et j'ai buté contre la barrière et ils s'approchaient, menaçants. J'ai essayé de grogner pour les tenir à distance, mais ça a eu l'air de les exciter encore plus. J'ai reculé doucement et je suis parvenu à fuir. La mort de leurs foutues bêtes les a rendus fous.

J'erre, nul endroit où je sois en sûreté, je me suis écorché sur leurs barbelés, leurs barrières en plastique étaient piégées, mon corps me fait mal partout, et je suis fourbu. Pourquoi les choses sont-elles devenues si absurdes, pourquoi ces hommes impuissants ont-ils tellement de haine à revendre qu'ils la déversent sur moi, pauvre bête. Leur sauvagerie cruelle me fait peur. Finis les beaux programmes, finie la vie royale que je pouvais mener dans leur parc naturel, et bomber le torse, en regardant de loin les touristes avant de disparaître. Il a suffi de deux brebis tuées dans leurs prés par des chiens errants et leur naturel sanguinaire est réapparu.

Il y eut des murmures au début, quand j'ai relevé la tête, qu'ils m'ont vu boire si près de leurs habitations, de leurs villages - la maison de mère-grand - et les fissures du mur sombre, gris-vert, près de moi, et la pisse des chiens qui rigole le long des murs, indéfiniment, et les craquelures du bar crasseux, qui se délite et s'écroule intérieurement ; mais est-ce une raison pour vouloir m'achever ? Ils ont eu tôt fait de me rejoindre. Plus haut, plus claire, une tache sur le mur m'a rappelé un havre de paix lointain, perdu, que je ne retrouverai jamais. Mais il vaut mieux penser à autre chose, me dis-je alors, et je continue de courir, ventre à terre, ventre à terre, sans pouvoir m'arrêter, loin d'eux, le plus loin possible.

Je les revois encore. J'avance, je cours, mais je les revois incessamment. Passé les premiers instants d'hébétude, ils se sont mis à parler et à s'agiter et à aller chercher leurs fourches, mais bien malin celui qui aurait eu le cran de venir m'affronter de si près. Je croyais pouvoir leur faire confiance, je croyais qu'on cohabiterait dans leur Mercantour, mais non. J'ai vu leur regard changer. Ils ont voulu s'écarter pour éviter que je ne les touche, que je ne les morde, puis ils m'en ont voulu de leur lâcheté. Ils se sont ravisés. Perplexes et le rejet à fleur de peau, le poing fermé, le regard vide, et ils se sont précipités sur moi. Ils croient fonctionner à l'instinct ; ça les flatte. Mais je connais des bêtes plus intelligentes qu'eux. Ils ont peur de moi, de toute leur force stupide. Et moi, maintenant, j'ai peur d'eux, moi qui ne les craignais plus, tellement peur, comme cela ne m'était pas arrivé depuis l'enfance. Ils avaient pris tellement de précautions pour me faire vivre ici.

*

A leur merci, vulnérable toujours, exposé, nu. Me cacher là-bas, à l'extrémité de ce village. Pas là qu'ils viendront me chercher. Et l'hiver qui approche toujours trop vite. Le bout du village se défile. Dernière maison, enfin, un peu à l'écart, entourée, cachée derrière une enceinte de sapins, je me coule dans le fossé à l'extérieur. Pas longtemps, c'est trop humide, et surtout arrive un chien gueulard, baveux, qui galope vers moi, et défend son territoire, crocs en avant, prêt à m'égorger. Toi aussi, Rex, tu t'es fait avoir, dormir dehors pendant qu'ils ronflent au chaud ! Ont peur des voleurs, des crapules mal intentionnées qui viennent piquer leur bonheur, leur magnétoscope, des Romanos, alors ils achètent un fusil, faut pas se laisser faire. Et ils prennent un chien, un vrai monstre pour veiller à leur confort. De vraies hyènes dégénérées, ces pitbulls, reconnaîtraient pas leur mère et la boufferaient si on les y poussait un peu. Je repars. Marcherai jusqu'à ce que quelque chose se passe, que je puisse m'arrêter.

*

Dans la forêt, il vaut mieux marcher de nuit. Longue, longue route qui s'étend, se répand, devant moi. Survivre. Je marche mais je me terre, je me crispe, je m'accroche, des ciseaux me découpent les entrailles. Ils ne m'auront pas, les derniers prédateurs. J'ai l'impression d'être seul au monde. Leur ténacité me dévore le ventre. Je les entends, leurs battues, toute la journée. Infiniment vulnérable, infiniment tout. Pas possible de vivre comme ça. Combien de temps résister à cette peur ? Elle me rendra fou. Non, il faut se battre, ils ne m'auront pas.

Avant, ils avaient peur de moi. Maintenant, ils me rêvent écharpé. Qui-vive de chaque instant. Qui va là ? Quel oiseau m'accompagne, quelle bête, qui se cache dans ces recoins pour m'avoir ? Avance, avance, il n'y a pas de lieu accueillant, tout n'est que ténèbres. Le traître vent dit à toute la vallée où je suis. Route longue, large, s'agrandissant encore, qui se perd dans les fossés ; pas de voiture, heureusement ; lune petite, mesquine, éclaire parcimonieusement, cela vaut mieux, cela vaut mieux. En fait, je ne sais plus quoi penser, je ne voudrais plus être là. Mes ancêtres, les loups-garous, n'avaient pas de meutes d'humains lancées à leurs trousses. Régnaient sur les Ténèbres, les bienheureux. Je ne règne plus que sur ma pauvre liberté. Y a-t-il encore des vies qui ne me soient pas hostiles quelque part ? Une lumière ? Comme un agneau dans un champ de loups. Si je pouvais creuser un trou et m'y enfoncer, disparaître au regard, ne plus exister pour personne... Terrible aussi, tout ce qui peut arriver à un loup attrapé... L'idée me fouette le sang. Je repars. Continuons. Toutes les atrocités qu'on a pu entendre..., à chaque pas, mieux vaut ne pas y penser. Et s'il m'arrivait quelque chose de vraiment grave ?... Mieux vaut ne pas y penser non plus.

Savent-ils que je suis toujours un être vivant? Ils n'ont pas le respect du vivant de toute façon.

Avancer encore un peu, jusqu'à ce que. Ne pas céder à la panique. Tenir, tenir, résister. Chaque pas est une torture, amène d'autres idées. Sort des malheureux comparses piégés en forêt, les trappeurs et le tuttim. Finir en pagne, en toque, en manteau. Ma tête va éclater d'épouvante, si les images... Tout me revient avec une infinité de détails, comme si je l'avais vécu. Penser à autre chose, à autre chose, penser à autre chose, se calmer, se reprendre - question de survie - déconne pas, pas de panique surtout. Marche plus doucement, ils ne t'entendront pas, rappelle-toi comme ils sont épais et lourds et avinés, ceux qui te chassent, essaie de réfléchir encore, tuer le temps, l'aube bientôt. Bestialité de l'homme, face cachée, sauvage, mienne, celle des autres, comment tout cela a-t-il pu être possible? Sois prudent. Bruits sur les côtés qui font tressaillir encore.

*

J'ai parcouru des kilomètres, je me suis éloigné de ces contrées maudites, et je me suis retrouvé dans des régions que je ne connaissais pas. Je voudrais être dans un endroit où l'on ne puisse plus m'atteindre, *Quand je serai mort, on ne me fera plus souffrir.* J'avance doucement, plus calmement car je fatigue. Et brusquement, quelque chose se détache de moi, et je sens voluptueusement que je me relâche, car j'ai une illumination : *je suis bien en vie.* Même s'ils me poursuivent, même si j'ai peur, parce que j'ai peur, je suis en vie. Cela me redonne un moral d'acier. J'avance, je suis invincible. De nouveau, je reprends ma course, presque au ras du sol.

A l'aube, une maison abandonnée, en ruines, au toit avancé, heureusement envahie de ronces et d'arbres qui la cachent. La peur s'en va doucement, en même temps que vient la lumière. Je vais dormir un peu, ici. Ce soir, cela sera de nouveau les ténèbres, mais c'est un autre jour. Je me terre. Plusieurs jours que je me suis installé, ici. Ça tiendra bien jusqu'à ce que je reparte, mais ne pas penser à cela. Après tout, la nuit, trouver sa subsistance dans les bois, comme on peut, et le jour, se cacher. Ça tiendra bien comme ça. Il faudra bien que cela s'arrête.

Un jour, je me sens prêt. J'ai presque vaincu la peur. Je repars, je cours, je traverse la vallée. J'explore mon nouveau territoire. Peu à peu, de nouveau me sentir de plus en plus libre, de moins en moins effrayé. Ma vie reprend le dessus, difficile de résister.

*

Ce soir, je peux de nouveau me coucher tranquillement, à l'abri dans ma maison. Je commence à somnoler, à goûter enfin le repos, au moins un peu la paix. Et je sens comme une fine pique sur mon dos, un regard. Je me redresse d'un bond en grognant. Un bruit et un mouvement dans les fourrés, et une tache rouge qui devient de plus en plus petite. Une enfant qui était là et qui s'enfuit en courant. Je me recouche et m'assoupis.

Et me réveille avec la même sensation de pique. Cette fois-ci, je lève plus doucement la tête. La gamine est là qui me regarde, à travers les feuillages. Je l'entends respirer. Je n'ose pas bouger. J'ai peur qu'elle ait peur. Mais elle me fixe d'un regard qui ne fléchit pas. Enfin quelqu'un ! Sa bouche se tord - sa lèvre inférieure s'entrouvre et elle souffle un peu d'air vers le sommet de son crâne. Des mèches blondes rebondissent mollement sur son front. Un air à la fois curieux et désinvolte. Elle au moins ne semble pas avoir peur. Plutôt se demander si je ferais un bon jouet. Mais elle est prudente. On se regarde sans oser bouger. On se jauge. J'attends un signe de sa part. Je n'ose pas me relever pour ne pas l'effrayer. Mais elle ne bouge pas. J'ai peur de lui faire peur et qu'elle me trahisse. Peur d'une enfant comme elle, haute comme trois pommes, et que je pourrais croquer d'un bond. Mais il y a dans cette poupée quelque chose d'infiniment doux et attentif qui me retient. Je n'ose plus respirer. J'ai l'impression que nous sommes envoûtés tous les deux. Puis brusquement, comme si la foudre s'était abattue sur sa tête, elle rompt le charme et s'enfuit en courant. Une petite tache rouge, comme une goutte de sang, *comme un p'tit coquelicot, mon âme*, qui file à travers champs.

Je me cale dans le fossé humide. Ils ne m'auront pas. Une visite. Je croyais qu'ils voulaient mon bien, mais ils ne veulent que ma mort, depuis la nuit des temps, car je suis seul et libre, car je leur fais peur. Sauf aux petits enfants, finalement.

*

Je me réveille avec la faim au ventre, et l'impression encore d'être observé. Je bondis sur mes pattes, comme s'il était déjà trop tard, prêt à me battre jusqu'au bout. Il fait nuit. J'ai rêvé sans doute. Je me recouche. Je ne serais pas mieux ailleurs. Là, il n'y a personne, pour l'instant, personne n'est venu jusqu'ici, hormis la petite fille, et les meutes à l'affût me semblent encore loin. Je peux me rendormir tranquille. Demain, j'irai chasser. De toute façon, ils me poursuivront partout. J'irai chasser. J'ai bien cru entendre des moutons dans la vallée. Ceux-là seront pour moi, tant pis pour eux.

Je me réveille de nouveau le matin avec l'impression d'être observé. Sans doute ma paranoïa. Mais à quelques mètres de moi, je vois de la nourriture. De la viande et dans un vieux récipient, des nouilles détrempées par la rosée. C'est peut-être un piège. Je n'aime pas cette nourriture, je la préfère vivante et sur pied. Mais enfin puisqu'elle est là et que j'ai faim. Je m'approche et la renifle. La viande n'est ni bonne ni mauvaise. Comme les pâtes, elle n'a pas de goût. Je mange à toute vitesse, la peur au ventre de me faire tirer comme un lapin. Tout en mangeant, je sens brutalement un regard qui me fait frissonner. Je lève les yeux. Mon petit ange gardien blond est là avec sa cape rouge. Elle me regarde déglutir, figée, puis s'enfuit en courant.

*

J'ai parcouru la vallée. Il n'y a plus une bête dehors qui ne soit protégée par des chiens allant par paires. Ils veulent m'affamer, me faire sortir du bois, je connais leur tactique. Ils continuent de me chasser avec infiniment d'ardeur. J'entends les battues, les sifflets de grands-mères, leurs pas s'enfoncer dans la boue des chemins, leurs rires gras, les détonations quand ils dérouillent leurs fusils pour le plaisir ou sur un cerf, pour ne pas rester inactifs. Je me faufile comme une ombre à travers leurs filets. A chaque fois, j'ai peur que ce ne soit la dernière fois. Je retourne toujours à ma planque. Pour l'instant, ils ne m'ont pas encore trouvé.

*

Ce n'est pas moi qui ai tué leurs moutons, pas moi, mais leurs chiens enragés, fous d'avoir été abandonnés. Moi j'aime ma liberté, et je ne tue que pour manger. Eux sont violents, destructeurs. Avant, ils étaient enchaînés. Abandonnés, ivres de liberté, ils ne connaissent que la barbarie. Ils veulent laisser leur marque sanglante partout, c'est comme ça qu'ils ont l'impression d'exister. Leur sauvagerie, leur cruauté n'ont pas d'égales parmi les vivants. Ils me détestent car ils m'envient, car ils savent que je suis heureux d'être là, et que je n'ai jamais connu de maître.

Quant aux autres, aux chiens qu'ils tiennent en laisse chez eux et dans leurs battues, c'est presque pire. Leur vie au bord de leurs crocs, de leurs chaînes. Ils me hérissent le poil. Ils sont plus proches de leurs maîtres que de moi, embrassant chaque jour les colliers qui leur tailladent le cou, la main qui les nourrit, les frappe, les brime. Ils ne rêvent que d'ordre et me détestent car je suis libre. Eux non plus n'hésiteront pas à me trahir.

*

Je suis encore revenu à la gamelle que la petite en rouge me dépose chaque jour. Je ne peux faire autrement en ces temps de crise. Ils ont parqué leurs bêtes, ou les font trop bien garder, et il y a des battues partout. J'ai toujours peur, mais autant que si je chassais. La petite me tient par l'estomac. Mais je suis toujours libre. Elle se rapproche, chaque jour un peu plus, timidement. On s'apprivoise mutuellement. Demain, je la laisserai peut-être toucher ma tête, du bout des doigts, avant de m'enfuir, avant qu'elle parte.

Je continue d'explorer la région, de voir si je peux vivre ici. Je cours toute la journée. Mais le soir, je suis attaché à ma gamelle comme un cocker. Elle est là. Et j'entends presque son cœur battre. Et elle me touche le bout de l'oreille ou le haut du crâne. Et, ma foi, pourquoi pas ? Puisqu'elle me nourrit. Puis elle sourit et s'en va. J'ai une gamelle qui m'attend tous les jours, soit, mais je n'ai pas de maître et si un jour ça doit s'arrêter, je sais encore chasser et je ne mourrai pas de faim.

*

Peu à peu avec cette petite fille, la confiance est revenue. Cela avait l'air de pouvoir durer toujours. Elle me donnait à manger et en échange elle avait le droit de me caresser la tête. J'étais son copain-loup à cette petite. Un jouet vivant, rigolo, rien que pour elle. On n'avait plus peur et c'était bien agréable. Dans la journée, je vaquais à mes occupations. Ma vie avait un nouveau rythme, plus lent, peut-être un peu monotone, mais plus doux. En tout cas, j'étais serein et elle avait l'air contente.

Jusqu'au jour où elle est venue avec sa grande sœur ou une fille plus âgée. La sœur, en me voyant, a eu une frousse bleue. J'en ai ressenti les mauvaises ondes jusque dans la couenne. Elle est restée sans rien dire à scruter les feuillages, puis s'est mise à hurler lorsqu'elle m'a vu. Moi, croyant la faire taire, je me suis mis à gronder, mais elle a eu encore plus peur. Et sa peur s'est communiquée à la petite, et toutes deux se sont enfuies loin de moi en hurlant. Mauvais signe, bien sûr.

*

J'ai ressenti un vide atroce. La petite en rouge avait eu peur de moi à cause de sa stupide grande sœur, parce que la peur c'est contagieux, et que la confiance c'est fragile. Des mois et des mois d'approche foutus en l'air. Je me sentais mal, con, trahi et seul. Je partis. Mais je revins le soir même pour voir si notre pacte avait été rompu ou pas, et peut-être aussi parce que toutes les bêtes étaient toujours rentrées et que c'était toujours difficile de trouver de quoi manger dans la vallée. Il y avait bien les deux gamelles (viande et nouilles) à la même place que d'habitude. Je respirai. Il y avait quelque chose dans l'air, mais j'étais tellement heureux de voir qu'il y avait des gamelles, que je n'y ai pas prêté attention. Ça voulait dire que la petite fille était revenue. Je me suis mis à manger. J'attendais sa venue. Elle devait être là, pas loin. Je sentais une présence. Elle allait venir. D'ailleurs, en relevant la tête, je l'ai vue et je me suis immobilisé. J'attendais qu'elle vienne me toucher la tête. Mais ils me sont tombés dessus à quatre ou cinq avec un filet et probablement une seringue car je me suis endormi. Ce sont toujours les petites filles qui trahissent les loups, pas le contraire, comme on dit dans les contes.

*

Je devrais être heureux, d'un sens. J'ai ma gamelle tous les soirs. Je n'ai pas non plus à chasser. Je n'ai pas été tué, bien sûr. La petite en rouge qui vient me voir souvent. Quoique de moins en moins souvent, elle doit se lasser, maintenant qu'il n'y a plus la petite pointe de danger qui la faisait frissonner. Les gens sont comme ça. Ça pourrait être pire.

Ça m'apprendra, ça m'apprendra, me dis-je, à faire confiance et à avoir voulu jouer au plus fin et gagner du temps avec la nourriture et le confort. Ça m'apprendra, mais dans quel avenir ? Aujourd'hui, je tourne en rond, bien sûr, dans un espace grillagé d'un mètre sur un mètre, avec une vague grotte en béton pour tout abri, où je me réfugie malgré sa laideur, quand je ne supporte plus le monde qui fait des grimaces devant moi et que je veux dormir. Je tourne en rond toute la journée pour me défouler car j'ai ce besoin naturel de courir, et pour oublier le froid, l'exiguïté et les visiteurs qui me jettent des cacahuètes quand ils me confondent avec les singes.

Et pour oublier les grandes étendues vertes, le vent et la liberté, je me dis *Rappelle-toi, il y avait la peur*, pour me consoler.

Mais ma langue fourche et à la place, ma bouche dit *Rappelle-toi, il y avait la vie.*

*

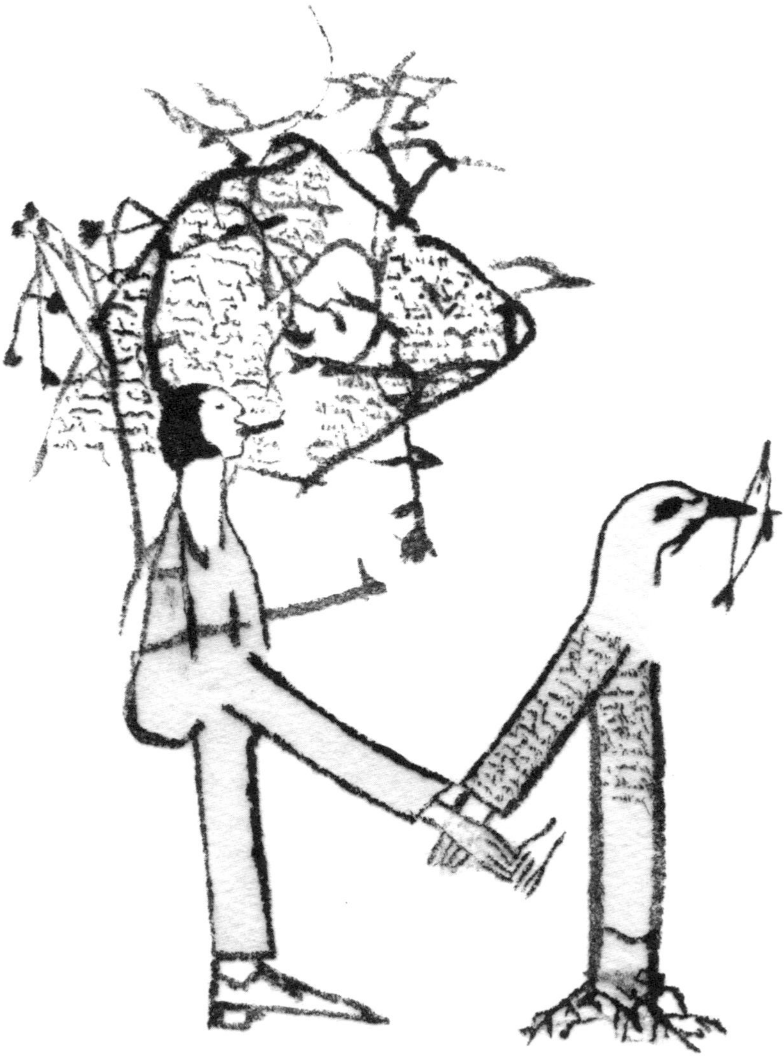

Le dauphin

- Les autres, bien sûr, ils ne peuvent pas comprendre ; et les autres, ils rigolent ; les autres et leurs téléphones portables qui les rendent sourds ; les autres et leur "progrès" qu'ils en ont plein la bouche, qu'ils arrivent même pas à l'avaler, les autres, de l'humanité, ils ne comprennent rien. Alors, il n'y a plus rien à faire, et je tourne dans mon bassin. Et puis, de temps en temps, la tragédie de la vie me frappe de plein fouet, et j'ai envie de rire et de pleurer en même temps, je me tends brusquement, ma queue frappe l'eau et je m'élève au-dessus de la plèbe, d'un bond - je vole !

Je ne suis qu'un dauphin, expliqué-je au pigeon maudit, au merle moqueur...

Je ne suis qu'un dauphin, pigeon maudit, merle moqueur, stupides volatiles qui survolez mon bassin, vous les êtres inférieurs, mais libres ! Je ne suis qu'un dauphin, moi, condamné à tourner dans cette pièce, manger la nourriture et baiser la femelle qu'on me donne. Alors que je ne veux pas de ça, que je ne veux pas de ce tas mou... Car je n'aime que ceux de mon sexe, et ça, les hommes ne le comprennent pas. Ils se croient originaux avec leurs monomanies sexuelles, ils se croient déviants de leur nature, de la famille, et de leurs destins de reproducteurs, assignés à devenir parents jusqu'à extinction totale de l'espèce. Et ils en sont fiers de leur déviance, ou ils en ont honte, mais

comme toujours, ils se croient différents, donc supérieurs, voilà ce qu'ils croient.
Quant aux autres, les parents, les courageux géniteurs de l'humanité future, ils sont encore plus tristes, si c'est possible, ils ont encore moins d'imagination !
Et nous, pauvres bêtes, créatures de Dieu, innocentes, que nous puissions être également monomaniaques ou bimaniaques - voire tri, quadri maniaques ! - ça, ça les dépasse, ça, ils ne l'imaginent même pas ! Nous devons marcher à l'instinct, un instinct, hop, un coup, c'est comme ça qu'ils imaginent, ces sauvages ! Ça se passe comme ça, chez eux ?! Nous aimons ça autant qu'eux, mais, parce que nous faisons moins de discours, ils ne croient qu'en notre instinct.
Non mais regardez comme ils nous traitent ! Encadrés, encachés, empaillés, embassinés, et que sais-je ? ils nous assassinent chaque jour à petit feu. Pas que les éléphants d'Afrique, qui vont disparaître, mais tous les animaux de la Création, écœurés par tant de crétinerie ! Arrêtez leur appétit ! Ils sont frénétiquement dingues !
Et puis, regardez-les ! Regardez-les comme ils se traitent, eux-mêmes, comme ils traitent leur corps ! Ils ne savent rien faire d'autre que de le maltraiter, et c'est nous les bêtes ! Ils condamnent les corps de plaisir et encensent les martyrs, et resserrent leurs chaînes, et c'est nous les bêtes ! Ils passent leur vie assis, se cassent le dos sur une chaise, ou restent debout, à déambuler toute la journée, debout à monter les marches, servir, avancer, se ruinent les reins, marcher encore, conduire, courir, dans les hôpitaux, les écoles, les wagons, les magasins, dans le feu, dans la rue, sous terre, toute la vie, assis, debout, couché, cours ! bons chiens obéissants, et courir ce n'est pas humain, c'est le travail !

(Il rit et fait un bond, joue avec un ballon, revient.)
Le travail... tellement noble, qu'on fait travailler les animaux les plus intelligents, ou les plus... (*il mime des guillemets*)... "nobles"..., les éléphants, les dauphins, forcément les chevaux (ah ? Ils sont intelligents les chevaux ? C'est un scoop ? hihihihi !!! (*il rit*)), quelques chiens, dans les cirques, les foires, les villes - ou alors c'est qu'il résiste l'animal, définitivement réfractaire à cette vie qu'on veut lui faire mener, comme par exemple notre noble et stupide amie, à ma droite, (*il mime le geste d'en présenter une*) la poule, totalement indomesticable... Ou alors, c'est qu'il a de grandes dents, et c'est l'homme qui est plutôt réfractaire à l'idée d'un rapprochement (*même geste*), à ma gauche, le requin, le python, le crocodile, le léopard, que sais-je...
Vas-y animal anobli et chanceux, cours, tire, renifle, avance, tout sera bon pour te faire trimer, tu vas mener la vie à la con des hommes ! Ah ! elle te sert bien ton intelligence, ah ! elle t'a mené loin ! Tu n'avais qu'à être bête ! ou gentil ! tant pis pour toi, renégat. Mais je m'éloigne du sujet... je me taperais bien un petit gueuleton.
- Dis donc, intervient le corbeau, tu exagères... Toi aussi, tu travailles, alors arrête ton cinoche ! Et arrête de répéter toujours cette même rengaine, comme un vieux disque rayé, ça nous reposera !
- Mais moi je suis fier de cette vie-là ! On dit que nos ancêtres sont sortis de l'eau, puis dégoûtés y sont retournés. Voilà. Pendant que vous vous ruinez la santé, je joue pour vivre. Pas trop dur comme job. Suffit de battre des nageoires, vous vous attendrissez, d'émettre trois petits cris, puis de nouveau je m'auto-applaudis, vous vous attendrissez, je lance le ballon et je dis dans ma langue des conneries sur vous parce que vous, à la différence de moi, vous n'êtes pas capables de comprendre ce

que je dis. Je joue pour vivre. Je vis pour jouer. Parfois, penser que je ne reverrai jamais l'immensité de l'océan me chagrine, mais je joue, m'amuse, rigole et j'ai tout oublié.
Ce soir, je suis morose et aigre parce que je les ai entendus dire que je devenais trop vieux pour continuer. Après toutes ces années de bons et loyaux etc. comment me remercient-ils ? Je suis bien naïf de m'être illusionné sur eux... Ils ne me dédommageront jamais de cette vie passée à jouer pour eux... Et que me reste-t-il ? Non, j'ai passé ma vie à bosser, ce n'était pas qu'un jeu mais du boulot, c'est comme ça que j'ai pu vivre longtemps même "vieux" comme ils disent. Au fond des mers ça n'aurait peut-être pas été si "cool"... Non ce n'était pas "cool" non plus, je me suis donné corps et âme, j'ai passé ma vie à jouer leur jeu, à croire que je les dupais alors que c'était moi qui étais eu, qui me suis fait avoir. Je n'ai été qu'un bouffon, un pion dans leur divertissement et même si je le savais, même si je me le disais, à quoi m'a servi ma lucidité ? Mon ironie mordante ? A quoi m'a-t-elle servi d'autre qu'à être plus impitoyablement conscient de ma déchéance, de ma servilité, à me mordre moi-même quand ils ne le faisaient pas assez... Je me croyais différent d'eux, différent de ceux de ma race à cause de mes choix sexuels (bien sûr il y a le désir... Mais la pose ?) et de ma façon de vivre légère, frivole. Je croyais être détaché de tout... Je croyais être libre, je n'étais que lucide. Je croyais être lucide et je me suis aliéné.

Un simple pion dans leur industrie du divertissement, voilà ce que j'ai été... Maintenant ils peuvent me jeter... Alors maintenant comment en sortir ? Maintenant comment devenir un autre ?

Le canard à trois pattes

J'ai 3 pattes... Ah ! Les mystères de la science ! Je voulais avoir 4 pattes : 2 devant et 2 derrière... Comme les chiens... D'une part pour aller plus vite et d'autre part parce que je trouvais ça plus beau... 2 pattes, 2 ailes surtout. Nous, les canards, d'habitude on est un peu trop au ras du sol... Bon d'accord pour aller sur l'eau... Mais quand même, ça manque de classe...
Tandis que 4 pattes !...

Enfin maintenant c'est trop tard... Je n'en ai plus que 3... Une n'a pas pris. On ne sait pas pourquoi, c'est comme ça... Ils m'avaient dit qu'ils pouvaient le faire, 4 pattes. Que ce n'était pas du tout un problème, que des modifications comme ça il y en a tous les jours... Misère ! Misère ! Quand j'ai vu mes 3 pattes comme ça, j'ai cru que j'allais mourir de désespoir ! Je n'étais plus un canard et j'étais loin d'être le mammifère à 4 pattes que je voulais devenir ! Finis les rêves de noblesse. Je n'étais plus qu'un canard boiteux ridicule. Ah ! J'ai dû avaler la couleuvre, boire la coupe jusqu'à la lie. Il fallait accepter. Et je ne savais plus vers qui me tourner. Eux, les scientifiques, ils disaient que depuis les catastrophes nucléaires les organismes réagissaient différemment et qu'ils n'avaient pas pu prévoir qu'une seule des 2 pattes supplémentaires greffées allait se maintenir... Non, ils ne pouvaient pas, ils n'avaient pas pu prévoir les radiations.

Mais s'ils savaient que les catastrophes nucléaires avaient fait muter les gens, pourquoi m'ont-ils proposé ces opérations quand même ? Voilà ce que je n'arrivais pas à savoir. J'étais bien désespéré. Les canards, les vrais, m'en voulaient d'avoir voulu me différencier d'eux et n'avaient aucune pitié pour moi. Les mammifères quadrupèdes, évidemment, ne me voyaient pas, nous n'appartenions pas au même monde. Alors seul, seul comme ça, seul au monde, j'ai cherché tout seul à ne pas suffoquer et le Très Haut m'est apparu pour me donner du courage. Alors j'ai couru à l'édifice sacré dire que le Très Haut m'était apparu, mais ils ne m'ont pas cru, les hommes violets, et ils m'ont rejeté.

Alors je me suis senti encore plus seul et j'en ai voulu au Très Haut. Et le Très Haut m'a entendu dans mon désespoir et m'a conseillé d'aller à Lourdes me disant : « Ce que la Science a pu défaire, la foi peut-être le reconstruira ».

Alors me voilà sur la route à marcher lentement, très lentement vers Lourdes. Les irradiés, les mutants, les paraplégiques, les hémiplégiques, les anorexiques, les neurasthéniques et les arthritiques me dépassent, arriveront avant moi au bain sacré, et pas un ne s'arrête à ma hauteur. Et j'aimerais hurler de solitude et je les regarde. Et ils ne me voient pas. Ils ne se voient pas. Ils ont le regard vide. Et soudain je pense, je comprends que le malheur isole, que le malheur rend inhumain. Une prière monte en moi comme une longue plainte et s'échappe de mes lèvres comme un cri : « Seigneur, Seigneur tout puissant rapproche-moi des autres ! ». Et j'attends le miracle de la foi.

Et j'attends aussi une quatrième patte. Ou des pneus neufs à mes roues comme dirait Sartre. Ou que quelque chose se passe. D'ailleurs, pendant que je parle, quelque chose est en train de se passer. Panique à bord, tout le monde crie, j'y vais, je me propulse avec aisance et vélocité jusqu'à l'enfant qui se noie. Ma troisième patte, celle de devant, l'attrape par le cou et je la traîne sous moi vers le bord. J'entends, « il va la noyer » et je fais ressortir la tête de la gamine à l'air, je lui fais faire la planche et la tire par l'épaule. Elle est inconsciente, alors le travail est facile. J'arrive au bord. Ovation, mêlée ça et là de quelques « mon Dieu qu'il est laid » que je m'efforce de ne pas entendre, j'ai l'habitude. On me dit : « c'est le miracle de la foi ».

- Non dis-je, c'est le miracle de la science.
- C'est la foi qui l'a sauvée.
- Non, c'est grâce à mes 3 pattes de mutant, grâce à la science.
- Non, c'est le Très Haut qui t'a mené ici !
- Non, c'est aussi à cause de la science !

Et comme ça avec mon interlocuteur que je ne vois pas, qui reste caché, nous échangeons encore quelques répliques quand je sens les regards de la foule fixés sur moi. Bientôt, une vague de rires nerveux la parcourt, l'homme violet qui officie me dit : « sortez tous les deux avec votre discussion qui blasphème ! » et je vois enfin mon interlocuteur - une petite cane à une patte (l'autre est recourbée) qui me sourit. Merci Seigneur de m'avoir rapproché d'au moins une autre ! Je m'apprête à entrer en dévotion quand j'entends l'assistance qui s'agite, me regarde, se met à gronder : « sus aux mutants ». Des hommes en blanc de l'autre côté de la salle les excitent, j'entends : « qu'il est laid le sauveur » et « au diable les mutants » et tous se mettent à me poursuivre. Je perds ma canette de vue, je cours comme je peux pour leur échapper, mais je ne peux définitivement pas courir avec 3 pattes. Je tombe, ils me rattrapent, me ramassent. Ils disent à la foule : « arrière, calmez-vous » et « nous allons le sauver ». Et je me retrouve allongé, retenu sur une table froide, recouvert d'une couverture, des hommes en blouse immaculée masqués me regardent avec curiosité et je pense encore « Seigneur, pourquoi m'as-tu abandonné ? » avant de basculer dans l'inconscience.

La murène

Je ne suis qu'un poisson. Même pas un vrai poisson comme le requin ou le loup... Non, une murène. Ça me désole un peu parce que je ne suis pas très belle, comme les poissons argentés les axolotls, ou comme ces autres, là, multicolores. Pas horrible mais pas vraiment belle. Et je ne souris jamais.
Maman non plus n'aimait pas beaucoup rire... Elle trouvait qu'on n'avait pas de belles dents et qu'il valait mieux ne pas les montrer. Ni qu'on n'avait une belle écaille et qu'il valait mieux se cacher. Chez nous depuis des générations on vit dans les grottes les recoins les endroits cachés.
Maman a toujours dit: « les gens sont méchants ma fille, apprends à t'en défier. »

Et elle m'a appris à me protéger. Me travestir, modifier mon apparence? Ma maman me l'a interdit. En fait non. Elle disait plutôt: si tu ne te fais pas remarquer tu feras ton chemin. Elle ne m'a jamais précisé que je devrais le faire sous terre... Elle pensait que si nous-mêmes on ne faisait pas attention à nous, à notre apparence, les gens ne nous verraient pas. Et que tout irait pour le mieux. Elle m'a toujours dit que je n'étais pas très belle et que c'était comme ça dans la famille, que nous toutes, les murènes, on devait filer doux parce qu'on ne nous aime pas beaucoup et, disait-elle, « c'est pas la peine d'en rajouter » ou (plus vache):

« Tu te prends pour une reine ? Tiens-toi tranquille déjà, pour le reste on verra après. »

Je dois sortir, aller chercher à manger. Un hippocampe passe en flânant. Je le suis des yeux sans réagir. Je n'ai pas le cœur à ça. J'ai un peu trop peur...
J'ai un peu trop peur quand je suis à découvert. Bien sûr, je dois m'échapper de mes planques pour aller manger, mais j'y répugne... J'aime bien les hippocampes. Les ornithorynques aussi. Maman dit qu'ils sont très laids mais au moins on les remarque, ils ont quelque chose de spécial. Enfin. Je m'aplatis contre le sol, je me fonds dans le paysage alors qu'un banc de poissons me frôle sans s'en rendre compte... Je me cache de tout le monde.

Y compris de ma mère. Quelle vie. Au moins pas de risques, on me fout la paix. Comme quand j'étais petite, personne ne faisait attention à moi. Je suis timide, je ne parle à personne, personne ne me parle, tout est en ordre. Comme quand j'étais petite.
Quand j'ai une proie je bondis, je le sais, c'est ma seule chance, une fois pas deux, je cherche à aller vite et les gens me trouvent brutale. J'aimerais les y voir, eux, enfermés dans ce carcan d'interdits.

Désormais je choisis mes proies soigneusement, avec délectation, uniquement parmi les autres murènes.

Le vieux chameau

Le monde a changé, tout a changé et je n'ai rien vu venir. Le monde a changé, tout a changé et je n'ai plus aucun devenir. J'étais relégué alors dans une oasis pour le bon plaisir d'un grand chef et de ses fils, puis dans ce zoo où les enfants désabusés, gavés d'images télévisuelles, me regardent en bâillant. Pourtant je suis un livre, je suis une mémoire. Pourtant j'ai emmagasiné tous les savoirs dans ma bosse ; à une époque révolue, j'ai lu tous les livres, j'ai appris de tous les hommes, j'ai regardé toutes les fleurs, toutes les étoiles et tous les ciels. Je savais. J'avais accumulé des mots dans ma bosse, des mots vivaces et clairs comme de l'eau fraîche. Et surtout, je pouvais transmettre ce savoir, c'était important. Il faut tout savoir dans le désert pour survivre et je pouvais tout apporter.

A cette époque bénie, on me respectait car je sauvais de la jalousie et de la tentation, du malheur et de la tristesse. Je sauvais de l'ennui. Je sauvais des vies qu'on arrachait à la maladie, à la mort par le savoir. Celui qui savait ne disait rien sans qu'on l'interroge mais tout le monde savait trouver le sage parmi les ignorants.

A cette époque on respectait les vieux et les animaux, on respectait la mort et on respectait la mémoire de la vie sacrée.

Maintenant ici on ne sait plus qu'une chose à la fois et on s'en vante, on n'a plus ni idée ni espoir et on s'en réjouit, on est ignorant et ravi. On fait des choses, mais elles ne servent qu'à huiler la machine du monde, qu'à le faire avancer encore dans la futilité ; le savoir n'est plus utile pour survivre et de fait, il est méprisé, délaissé, oublié comme une vieille danse dans un grenier. Ou bien il est conservé jalousement au fond de bocaux par quelques-uns encore qui imaginent la flamme mais ne l'allument pas, qui le vénèrent mais ne le partagent pas, ne le transmettent pas, n'y touchent que du bout des doigts comme si c'était sale, comme si on ne pouvait y aller à bras le corps avec violence, passion, désinvolture, irrespect, comme s'il ne résisterait pas !

Non, maintenant ce savoir chétif, malingre, se rétracte au fond des bocaux, la mèche vacille emportée par les coups de butoir du monde qui essaie d'éteindre à tout prix la vieille lanterne, qui veut par tous les moyens plonger le monde dans d'aveuglantes ténèbres de réalité.

Quant à moi, vieux chameau, il n'est plus temps de me battre et je suis bien fatigué.

1403 04

Le rat mouillé
(mais quand même looké)

- Je fais du vélo. C'est bon pour ma ligne ?

- (Lentement en tordant la bouche) Je travaille dans la pub ?

- (Vite) Enfin tu vois le genre... A une époque il paraît qu'on se disait tous "coco", qu'on était toujours agité, surtout parmi les "créas", qu'eux d'ailleurs prenaient de la coke et que notre milieu était un milieu de requins... paraît...

- (Vite) Moi ce que j'ai vu c'est que j'ai vu un maximum de pépettes tombées du ciel pour pas beaucoup de travail et j'ai vu que tout le monde s'en est mis plein les fouilles.
... et tout d'un coup tout le monde s'est mis à mieux s'habiller c'était super c'était le début d'une époque vraiment cool les premiers Denims les trucs hypes de chez CK (prononcé à l'anglaise) ou Ralph Lau' ramenés des States *American Psycho* venait de sortir tu vois quoi et on jouait tous dans un film des trucs de potes un peu décalés on se marrait bien...

- (Lentement, accent anglais) Calvin Klein les débuts de Kenzo les show rooms de Gianini Versace les filles cinglées de chez Gaultier les fêtes aux Bains le café Beaubourg l'intelligentsia gay du Marais les dingues d'Actuel toute une époque ?

- (Vite) Les gens, ils croyaient que c'était sérieux les délires de Séguéla se prenant pour le dalaï-lama la sagesse du monde (écarte les bras) je vais tout vous expliquer venez à moi les petites ménagères de moins de 50 ans...
(Rejette la tête en arrière pour rire...)

- (Lentement) Je vais te dire ça allait nous on est des gars de l'ombre mais on aime bien se faire voir dans les recoins ! Je veux dire les lieux branchés (accélère son débit) mais pas ring' tu vois les lieux underground les vrais ça c'est notre truc en bande speedés on parcourt les rues la nuit à toute allure on fonce d'un point à un autre comme ça manger un morceau chez Costes re-foncer dans la nuit aux Bains (très vite) baver sur les Bains et finir passer prendre un peu de tu-sais-quoi pour continuer la folle cavalcade quand on fatigue avant de retourner taffer ?

- (Lentement) On est des speeds nous c'est comme ça on est des gens un peu spéciaux faut dire tu vois notre boulot c'est de nous faire remarquer alors on se fait remarquer le truc c'est pas de porter la fringue de tout le monde mais de pas être plouc non plus tu vois juste un pas derrière les créateurs on va dans les show rooms on branche trois copines stylistes et hop on a la tenue qu'il faut hype mais classe quand même tu vois faut quand même rester classe par rapport aux directeurs marketing aux chefs de produits aux clients quoi on est des créatifs mais faut assurer, faut rassurer quoi ? Quoi c'est toujours comme ça regarde dès que tu veux monter un groupe créer un mouvement n'importe quoi une prise de conscience quelque part t'es déjà en train de faire du marketing de la pub tu vois regarde Dieu les églises tout ça faut convaincre faut rassurer faut plaire faut que ce soit mémorisé et là ça a bien marché on s'en souvient deux mille ans après parce que le message il était fort et bien ciblé tu vois pour nous c'est pareil d'ailleurs on passe notre temps à penser aux consommateurs sans être sûrs qu'ils existent alors l'important d'ailleurs c'est pas que nous on y croit ou pas nous on est un peu les prêtres de ces nouvelles messes c'est vrai la consommation c'est un peu une nouvelle religion c'est pas que nous on y croit c'est que les chefs marketing les chefs produits eux ils y croient à cette histoire de consommateurs qui déchiffreraient inconsciemment les signes cabalistiques du paquet de nouilles avant d'acheter pour moi je te le dis le type crucifié c'est un pubeux de génie voilà ce que je pense tu as déjà entendu ce discours ça te choque plus ? Ah mais je pensais pas te choquer ça m'aurait gêné même t'as raison parlons d'autre chose, n'empêche c'est normal qu'on finisse par répéter des trucs on parle tous tellement tout le temps à force la parole se vide on sait plus quoi dire et y a des mots c'est comme si on les avait fait passer à 90 ? En cycle long dans la machine hein ? Ils sont tout pâles et neutres et veulent plus rien dire ? Du coup on les met avec n'importe quoi on s'en fout ça choque jamais comme de porter un parapluie ou un imper c'est le truc neutre t'en fais ce que t'en veux ? N'empêche t'imagines tous les mots échangés toutes les phrases depuis que le monde existe ? Moi ça m'excite d'imaginer ce qui s'est dit, ce que les gens se sont raconté tout ce temps ? Les millions de vie les milliards de mots ? Alors forcément y'a eu des redites ? Tout ça ça me fait penser à mon pote Tom qui dit les mots sont tellement vides avec n'importe quel message tu emmènes les foules avec toi ? C'est vrai pour peu que t'aies un peu d'aura et l'aura c'est quand même pas compliqué quand tu regardes les vedettes les tocards que c'est des fois enfin bon ?

Tom c'est un pubeux il a une tête de pubeux un look de pubeux il fréquente que les pubeux c'est un drôle de type ?

- (Lentement) Des fois il a des crises ? Il oublie qu'on est des rats et que son boulot c'est de ressembler à un rat mouillé et de susciter pas le rejet mais la distance le respect de faire un peu froid et de fasciner aussi ? Tom il est pas très sympa mais tout le monde sait qu'avec lui on sait toujours d'où vient le vent et où va la tune donc il a beau être un rat tout le monde veut être comme lui ? Il dit il faut aller à Courchevel et tout le monde se retrouve là-bas même s'il fait archi-moche ou alors il se met à triper sur Cuba à dire que c'est ça la vraie vie avec les vrais pauvres il y croit dur comme fer et tout le monde se lève comme un seul homme ? Si ceux qu'ont du fric vont à Cuba ceux qui veulent avoir l'air d'en avoir ou qui veulent en gagner s'y précipitent c'est comme ça ?

- (Lentement) Un jour je pense que cela ne l'amusera plus d'être le roi parce que c'est chiant tu vois d'être pris comme exemple d'être suivi partout moi je connais un peu ça aussi ? Des fois on a envie de respirer tu vois ? On pense la célébrité la gloire les gens qui t'imitent mais si tu veux vu que ça ça te saoule tellement tu deviens vite désagréable aigri tu vois. Tom il est sur cette pente là ? Un jour il voudra être seul vraiment anonyme oublié qu'on lui foute la paix tu vois juste pour voir comme ça ? Alors il se fera oublier un temps juste comme ça juste pour voir mais je pense que les gens viendront encore le chercher et le relancer encore et encore ? Alors il ira dans un espace plus petit plus sombre mieux caché pour avoir du calme parce qu'il n'en pourra plus et les gens viendront encore là-bas peut-être mais ce n'est pas sûr mais je pense que si quand même qu'ils viendront ? Alors Tom n'aimera plus du tout les gens c'est sûr parce que déjà il est surtout intéressé par lui-même et quand il veut avoir la paix ? Il ne pourra plus quoi ? Je l'imagine bien aussi sortir de son trou réapparaître dire au monde allez je vous emmène encore une fois et marcher longtemps longtemps comme dans la vieille histoire longtemps à raconter ses belles histoires à papoter jouer un air ? Un authentique pipeau ? Et marcher jusqu'à la rivière pour la dernière fois.

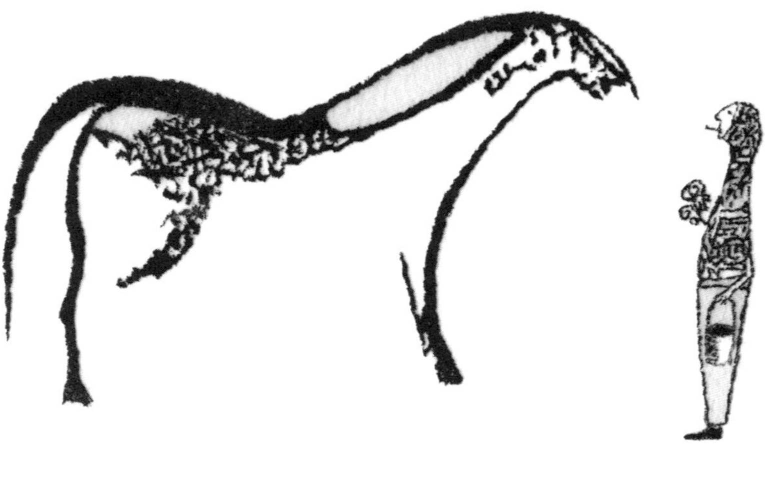

Le cheval
qui ne voulait pas travailler

Allez, ça y est, j'arrête de travailler. Non mais à quoi ça sert, de tourner comme ça dans un champ, ou de... tourner dans un manège, un cirque... non... Oui, planter, les champs de blé, l'humble paysan, oui je sais. Avec l'autre con derrière avec son fouet, non d'ailleurs c'est pas un con, mais bon, il a le fouet. Et avancer, toujours le même sillon, j'en rêve la nuit, c'est dur, tu comprends, je souffre. Moi, ça me fait mal, pis c'est lourd sa carriole, non moi je...
Non quoi.
Mais je sais pas ce que je vais faire.

Si. Je vais commencer par dormir, dormir, manger et m'amuser. Putain ça c'est cool, courir avec les potes dans les étendues, regarde y en a qui vivent comme ça, les sauvages, en Camargue. Alors c'est que c'est possible.
T'imagines le pied que ça doit être ? Tu dors quand tu veux, tu as le monde entier pour toi. Non t'as raison, seulement la Camargue. Bon ça fait déjà beaucoup.

Mais comment ça c'est pas ça, pourquoi c'est pas ça... Ben oui, la faim. Et alors ? Mais je sais pas moi, tu te renseignes. Ben y sont pas tous morts de faim, les chevaux de Camargue. Donc ça prouve

qu'ils s'en sortent, qu'il y a des plans pour manger, non ?
Mais pourquoi tu veux absolument me prouver que ce que je vis en ce moment c'est vachement bien et qu'ailleurs ce sera la cata ?

Au moins ailleurs... Enfin au moins j'aurai essayé, je n'aurai plus de regrets... Ben oui, même si je me fais rattraper et capturer par un mec, je vivrai avec ces souvenirs vachement beaux. Qu'est-ce que je gagne à rester ici, j'ai même pas encore ces souvenirs. Mais oui ça pourrait être pire, comme je pourrais mourir asphyxié dans un incendie de forêt. Hein ? T'y avais pas pensé à celle-là ! Ou empoisonné, ou d'une plaie toute gangrenée, tout faible, perdu dans un fossé. Ben oui. Il y a toujours des risques à vivre. Mais ici, je gagne quoi ? L'ennui ?
....

Je suis un gros chat

Je suis le gros chat qui regarde la pluie, un œil s'ouvre à demi, tire la conscience du sommeil, hésite à se rendormir.

Je suis le gros chat roux que le bruit de la pluie réveille, et qui cherche une meilleure position... Pour se rendormir, s'entend.

Je suis le gros chat de la maison, qui ne fait rien qu'à rêver, attendre que le temps ait fait son temps, « même pas capable d'attraper une souris, ce fainéant », et bien non, j'ai la flemme.

Endormi douillettement, au chaud, pendant que tombe la froide pluie, que grondent les éléments. Réjoui, le gros chat joli hésite un instant.

Oui, mais et ceux qui restent dehors ?

Puis, cyniquement, tant pis, me ravise, bonheur bourgeois, certes. Mais au fond... Savoure sans équivoque quelques délicieux moments de sérénité.

Fable

Et si finalement la fourmi avait accepté la cigale ?
La fourmi accueille donc la cigale, tout l'hiver, mais tout en lui faisant moult sermons, reproches et admonestations. La cigale convient, parce que la vie de bohème vaut bien quelques faciles compromissions et acquiescements, elle hoche la tête et attend. Elles deviennent finalement amies, pourrait-on dire. Le printemps revenant, la cigale reprend la route, à moi la liberté !, pendant que la fourmi retourne à son boulot d'équipe, un peu dépitée, mais plus tranquille. Au cours de l'année, la cigale enchaîne tournées sur tours de chant, multiplie les concerts en tous lieux et en toutes occasions, tantôt pour l'argent, tantôt pour la gloire. Il faut bien se faire connaître ! Elle économise quelques sous, la parole de la fourmi a porté - et s'amuse beaucoup. Quand elle n'a plus d'argent, elle se débrouille, dort chez les amis, dans les gares, s'arrange, magouille. Un peu de talent, beaucoup d'énergie, un peu de vache enragée, la cigale mène parfois grand train et s'en réjouit. De temps en temps, dans sa vie tourbillonnante, apparaît l'image de la fourmi. La cigale l'appelle, mais elle entend de plus en plus souvent la fourmi se plaindre, soupirer de la monotonie de la vie. Alors la cigale essaie de lui remonter le moral - tu sais on peut toujours changer de vie si la vie ne te plaît pas comme ça. Mais la fourmi donne mille et une raisons pour ne pas changer, "trop timide" et "pourquoi faire", et "si ça tournait mal ?".

Toutes ses raisons se résumant toujours pour finir à l'impossibilité de prévoir l'inconnu.
Et puis, elle n'a plus l'envie nécessaire, elle ne s'amuse plus dans les fêtes, ni au cinéma, ni avec les amies.
Seule la cigale, lui dit-elle, parvient encore à la distraire, mais elle omet de dire qu'elle se sent quand même toujours un peu mal à l'aise. La cigale sourit, répond, compatit, plaint et attend.
La fourmi se sentant aimée et soutenue retrouvait la pêche et devenait alors très généreuse. La cigale repartait toujours avec des cadeaux.
Un jour d'été, (elles ne s'étaient pas vues depuis le mois de mars), la fourmi eut un coup d'amertume. Elle appela la cigale, qui ne répondit pas immédiatement. Malgré tout, la fourmi surmonta son angoisse et se lança :
- Salut c'est moi ! (dit-elle d'une voix qui se voulait enjouée).
- (Un temps) Qui ça ?
(La fourmi se recroquevilla).
- Ben moi, la fourmi.
(La réponse fut moins vive).
- Ah oui, salut, ça va ?
(La fourmi se lança).
- Oui... On peut se voir ce soir ?
- Oui ce soir au resto.
(La fourmi raccrocha guillerette).
La soirée lui permit de se changer un peu les idées. Entourée des amis extravertis de la cigale (tous des artistes), elle parlait peu, mais écoutait et riait beaucoup. Elle trouvait cela satisfaisant. Tout le monde, de fait, avait l'air de se réjouir. Certes, on ne lui parlait pas beaucoup non plus, mais elle avait l'impression que ses sourires parlaient d'eux-mêmes.

Puis tous les hôtes se levèrent dans un brouhaha, et l'on se demanda où finir la soirée. Des idées fusèrent, d'aucuns se mirent en route, on avait fixé la prochaine étape nocturne en boîte. La fourmi patientait, attendant de rentrer avec la cigale avec qui elle avait très envie de parler, comme elles l'avaient fait l'hiver d'avant. Mais la cigale se tourna vers elle, et montrant les autres qui s'éloignaient, lui dit :
- Bon, j'y vais, tu viens aussi ?
La fourmi lui jeta un regard suppliant qu'elle espérait chargé de sens et d'attente - elle ne voulait pas que la soirée s'arrête là, elle essaya :
- Euh, tu sais, je ne suis pas très bien dans ma tête en ce moment.
Mais la cigale, brusquement énervée, lui répondit d'une traite :
- Bon, je comprends, ben salut, bonne soirée, repose-toi, on s'appelle, bises, et tourna les talons.
La fourmi alors se sentit bien seule.

illustrations David Rondin

Sommaire

Bestiaux
Quatorze fables animalières

La Sterne Voyageuse éditeur a pour objet de favoriser l'émergence de nouveaux auteurs, permettre l'édition, la diffusion puis la promotion de textes inédits, et ce sans restriction aucune mais à l'exclusion de toute expression de prosélytisme religieux ou portant atteinte à la dignité humaine.

Le livre est une parole et, citant Olivier Py, nous avons juste l'envie de dire, d'écrire, de lire, de « montre (r) l'homme qui croit encore que la parole change l'homme ». Nous n'avons pas d'autre prétention que d'être mécène de paroles.

Dernières publications :

- *Quelque part loin, dans un pays qui n'existe pas*
  d'Agnès Faure, illustrations d'Olivier Py
- *La Langue coupée en 2*
  de Pierre Fourny (en coédition avec ALIS)
- *Bestiaux - Quatorze fables animalières*
  d'Agnès Faure, illustrations de David Rondin

La Sterne Voyageuse éditeur
7, Place Pinel - 75013 Paris France
sterne.voyageuse@free.fr
Indicatif éditeur : 2-9518577

L'ensemble des droits d'auteur d'**Agnès Faure** est reversé à *Aide et Action*.

Graphisme et mise en page : Dr. Pêche
Imprimé par Copie 45 - France
Pour le compte de La Sterne Voyageuse éditeur

Dépôt légal août 2004

Indicatif éditeur : 2-9518577
ISBN 2-9518577-2-1
EAN 9782951857728